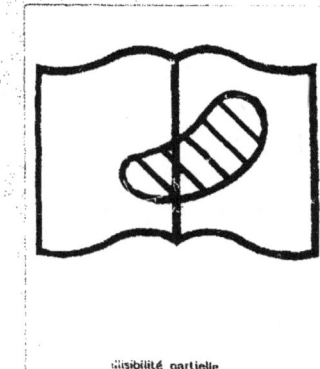

lisibilité partielle

VALABLE POUR TOUT OU PARTIE DU
DOCUMENT REPRODUIT

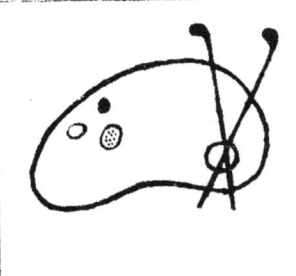

Début d'une série de documents
en couleur

NOTES HISTORIQUES

CONSIGNÉES SUR D'ANCIENS REGISTRES PAROISSIAUX

DE LA HAUTE-SAONE,

RECUEILLIES ET PUBLIÉES

Par JULES FINOT,

Ancien élève de l'École des Chartes, ancien Archiviste de la Haute-Saône.

VESOUL,
TYPOGRAPHIE DE A. SUCHAUX.
1864.

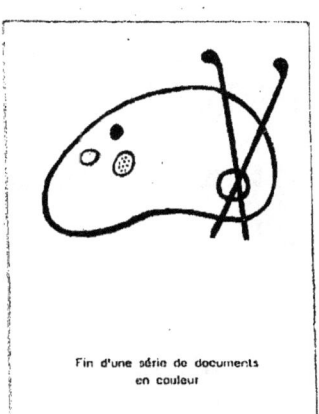
Fin d'une série de documents en couleur

NOTES HISTORIQUES

CONSIGNÉES SUR D'ANCIENS REGISTRES PAROISSIAUX
DE LA HAUTE-SAONE,

RECUEILLIES ET PUBLIÉES

Par **JULES FINOT**,

Ancien élève de l'École des Chartes, ancien Archiviste de la Haute-Saône.

VESOUL,
TYPOGRAPHIE DE A. SUCHAUX.

1884.

NOTES HISTORIQUES

NOTES HISTORIQUES

CONSIGNÉES SUR D'ANCIENS REGISTRES PAROISSIAUX

DE LA HAUTE-SAÔNE.

Le département de la Haute-Saône compte 371 communes possédant des registres paroissiaux de baptêmes, bénédictions nuptiales et sépultures antérieurs à 1790. Quelques-uns remontent au XVIe siècle ; le plus ancien (Villers-les-Luxeuil) date de 1525. Il est donc antérieur à l'ordonnance de Villers-Cotterets (1539) qui prescrivit en France la tenue générale et régulière des registres de catholicité. Dans le comté de Bourgogne, ce fut le cardinal Claude de la Baume, archevêque de Besançon, qui, en 1573, promulgua un statut diocésain pour assurer l'exécution de la décision du concile de Trente déclarant obligatoire l'enregistrement des actes de baptêmes, de mariages et de sépultures. Mais, comme nous venons de le dire et comme en témoigne la liste que nous publions, cet enregistrement avait déjà lieu dans quelques paroisses depuis une vingtaine d'années. Toutefois, depuis 1573, ce qui n'avait été fait jusqu'alors qu'exceptionnellement fut exécuté ponctuellement par le clergé franc-comtois, grâce aux visites annuelles des doyens ruraux ou d'autres mandataires de l'archevêque, chargés de viser les registres paroissiaux et d'en constater la bonne ou mauvaise tenue.

Malheureusement les guerres qui, de 1595 à 1675, désolèrent notre province, eurent pour résultat d'amener de nombreuses lacunes dans ces registres. Nous avons pensé qu'il ne serait pas dépourvu d'intérêt de signaler ces lacunes, souvent accompagnées de notes par lesquelles les curés donnent de curieux détails sur les incursions des troupes lorraines, suédoises et françaises qui tour à tour vinrent se ruer sur le comté de Bourgogne pendant près d'un siècle. Dans dix-neuf communes les dégâts commis par les troupes ennemies sont ainsi consignés d'une manière authentique. Ce sont celles de : Aillevillers, Autet, Cemboing, Champagney, Échenoz-la-Méline, Faucogney, Frotey-les-Lure, Gray, Lavoncourt, Leffond, Lure, Marnay, Molay, Mont-le-Franois, Pin-l'Émagny, Plancher-Bas, Senoncourt, Varogne, Vesoul.

La plupart des faits rapportés sont relatifs aux invasions qui désolèrent la province de 1635 à 1645, période de la guerre de Dix-Ans dont Girardot de Nozeroy a raconté les diverses péripéties. On peut dire que, sauf dans les localités fortifiées, il y eut alors une interruption presque générale dans la tenue des registres paroissiaux, car les paysans avaient fui leurs villages pour se réfugier dans les bois ou s'expatrier, et le service divin n'était même plus célébré dans les églises rurales abandonnées de leurs pasteurs. Ce ne fut qu'en 1648 que, grâce à des temps relativement meilleurs, les curés commencèrent de nouveaux registres, sur la première page desquels ils notaient les causes de l'interruption « propter bellorum calamitates, » en ajoutant quelquefois des particularités s'y rapportant. Sans entrer dans le détail des faits ainsi relevés et que l'on pourra lire plus loin, nous signalerons toutefois, comme plus particulièrement intéressantes, les notes des paroissiaux de Lure sur la défense de la ville contre le rhingrave Othon-Louis, qui, après avoir reçu la capitulation de Belfort le 11 novembre 1632, vint assiéger Lure pendant sept jours à partir du 7 février 1633. Le baron de Vaugrenans, qui vint au secours de la ville, put, à la tête de quarante cavaliers et de cent Suisses sous le commandement du sire de Vally, secondés par soixante bourgeois, faire lever le siége le samedi 19 février. Le rhingrave aurait perdu dans cette tentative plus de cent quarante hommes, et parmi eux son neveu Jules, général de sa cavalerie, dont il ramena le corps à Belfort pour lui faire rendre les honneurs funèbres. On ne compta pas de morts, mais seulement de nombreux blessés parmi les habitants de Lure et ses défenseurs. Les notes des registres de Varogne constatent que le 28 avril 1635 les Croates entrèrent dans le village et, après en avoir emmené quatorze chariots chargés de grains et de vin, ainsi que seize chevaux, mirent le feu aux maisons. Les registres de la ville de Vesoul sont interrompus du mois d'avril 1594 à celui de septembre 1596, avec cette mention en latin barbare : « Ingens lacuna a bello causata, » qui se rapporte à la prise et à l'occupation de la ville par Tremblecourt et ses Lorrains. Mais les époques qui fournissent les notes les plus nombreuses et les plus détaillées sont celles des deux conquêtes de la Franche-Comté par Louis XIV en 1668 et 1674. On voit par exemple qu'à Champagney les soldats de Turenne, qui, en 1674, traversa ce bourg avec une nombreuse armée pour repousser les impériaux de l'Alsace, enlevèrent le registre paroissial commencé en 1580 ; il est mentionné aussi que Louis XIV et la reine Marie-Thérèse y passèrent la nuit du 21 au 22 juin 1683, et que, pour perpétuer le souvenir de ce court séjour, ils donnèrent à l'église trente louis d'or qui servirent à l'entretien de deux lampes dans le sanctuaire. Le curé François Pouthier nous apprend aussi que, moins de dix ans après la conquête définitive de la Franche-Comté, les populations acceptaient facilement la nouvelle domination et partageaient même l'enthousiasme général pour le grand roi. « Rex Ludovicus intrat Vesontionem, » dit-il, en ajoutant : « Ludovicus Vesontionis amor. » C'était peut-être, il est vrai, la gratification des trente louis qui avait gagné si rapidement son cœur de vieux Franc-Comtois et lui faisait penser que ceux de ses compatriotes devaient battre à l'unisson du sien.

A Gray, le curé Cadot ne semble pas avoir éprouvé le même amour pour le roi de France. Il avait même consigné de nombreuses notes peu flatteuses pour l'honneur du monarque qui faisait trembler l'Europe et sur « l'horrible trahison » qui lui avait une première fois livré la province. Aussi fut-il bien embarrassé quand la réunion à la France devint définitive, et ne trouva-t-il d'autre moyen pour cacher l'expression de sentiments qui auraient pu lui valoir une lettre de cachet, que de biffer fortement les lignes compromettantes écrites par lui, pas assez, cependant, pour que nous n'ayons pu encore en déchiffrer quelques mots qui permettent de rétablir à peu près exactement les faits qu'il voulait dans le principe transmettre à la postérité. Son prédécesseur, le curé Bleigney, avait, en effet, inscrit en tête du premier feuillet de ce registre cette épigraphe assez prétentieuse tirée de Cicéron : « Historia, testis temporum, nuncia vetustatis, vita memoriæ, magistra vitæ, lux veritatis, quâ voce aliâ, nisi Oratoris, immortalitati commendatur. » Mais nous préférons la prière qu'il inscrivit à la suite des mots « Finis anni 1636, » car elle nous apporte encore comme un écho fidèle, quoique lointain, des cris de douleur arrachés par cette année terrible : « O panis Eucharistiæ, cibus sanitatis, pius dator veniæ, culpas laxa gratis, pacis et concordiæ donis confirmatis, fac in fine miseriæ nos jungi Beatis. A peste, fame, bello et ab imminentibus periculis, nos, Dei Genitrix Virgo, libera. Amen. » La réflexion du curé de Senoncourt placée en tête du registre de 1675, « inceptus per horrendas bellorum tempestates, » mérite aussi d'être rapportée. « Vos venturi, dit-il, expectate aurea sæcula, nostra sunt ferrea et neroniana. » Hélas ! les hommes venus après ont trouvé un siècle certes moins *néronien*, selon son expression, mais ils en sont encore à attendre l'âge d'or qui verra cesser la guerre et ses calamités

A côté de ces mentions relatives aux faits de guerre dont notre province a été le théâtre pendant les deux derniers siècles, on en trouve d'autres non moins intéressantes qui se rapportent aux intempéries des saisons, à la météorologie comme on dirait de nos jours, aux événements locaux, à des institutions ou des coutumes particulières qui révèlent de piquants détails de mœurs.

Les événements locaux signalés dans les registres sont généralement relatifs à des baptêmes de cloches, fêtes, pèlerinages, processions expiatoires, dédicaces d'églises, incendies, émeutes (Gray), fondations de confréries, etc. On remarque aussi dans ceux de Gray et de Cerre-les-Noroy, la transcription de sentences d'excommunication prononcées pour non-paiement de dettes, avec la mention des excommuniés absous ou non absous. Dans ceux d'Etobon sont rapportées les causes consistoriales, c'est-à-dire les réprimandes prononcées par les anciens de l'Église au moment de la Sainte-Cène, qui avait remplacé chez les luthériens la confession et la communion pascales, dont étaient privées les personnes qui, par leur conduite, avaient été durant le cours de l'année un objet de scandale. Enfin on peut se convaincre qu'autrefois les curés ne se faisaient pas faute de rechercher et de constater la paternité des enfants qu'ils baptisaient. Ils poussaient même l'indiscrétion si loin sur ce point, qu'on ne lira pas sans étonnement qu'en 1616, celui de Faverney se permettait de mentionner qu'une petite fille avait pour père un religieux de l'abbaye dudit lieu. On peut aussi voir là comme la trace de l'animosité qu'éprouvait autrefois le clergé séculier, en général pauvre et remplissant consciencieusement les devoirs de son ministère, contre les moines, dant les richesses et l'oisiveté avaient malheureusement trop souvent corrompu les mœurs.

Nous espérons que ce rapide aperçu permettra de faire apprécier quelle abondance de renseignements précis et authentiques les registres paroissiaux peuvent fournir à l'histoire locale, à la statistique, à l'économie politique et aux recherches généalogiques. Eux seuls conservent la trace des générations disparues, et à ce titre ils mériteraient déjà toute la sollicitude des administrations municipales, qui ne devraient pas hésiter, moyennant quelques minimes dépenses, à en assurer la conservation en les faisant relier avec soin et placer dans des armoires fermant à clef et à l'abri de l'humidité.

JULES FINOT.

(Lille, le 14 mai 1888.)

AILLEVILLERS.

Registres remontant à 1598.

Le premier commence ainsi :

« Registrum infantium baptizatorum ecclesiæ parrochialis d'Aillevillers inceptum per me dominum Claudium Collilieux, presbyterum curatum ejusdem loci. »

On remarque une interruption de 1633 à 1645, époque de la guerre de Dix-Ans, où la dispersion de la population fut telle dans le bailliage d'Amont que les curés cessèrent généralement de tenir note des baptêmes, mariages et inhumations.

Sur la couverture de celui de l'année 1778 se trouve la note suivante : « L'an 1778 fut remarquable par des chaleurs excessives qui commencèrent en juin et ne finirent qu'en septembre ; l'on ne vit pendant tout ce temps que quelques sacs d'eau qui tombèrent dans quelques endroits de la province et y causèrent quelques dégats ; mais tout le reste de la province fut sans pluye pendant trois mois, ce qui brûla la plupart des vignobles qui promettaient la plus brillante vendange qu'on eût vue depuis longtemps ; ensuite les pluyes commencèrent insensiblement au mois de septembre jusqu'à ce qu'elles se firent sentir si abondamment au 25 octobre que dans trois jours toutes les rivières de la province s'épanchèrent à une telle élévation qu'elles emmenèrent tout [ce qu'elles trouvèrent] sur leurs bords et dégradèrent beaucoup de villages ; elles furent ensuite plus terribles dans l'Alsaze et la Lorraine, surtout à Épinal où elles détruisirent tous les ponts et démolirent ou endommagèrent environ 60 maisons. On n'en peut dire davantage ; les nouvelles publiques justifieront du surplus et de ce qu'elles ont été dans les autres provinces et royaumes. L'année 1783 fut remarquable par un brouillard qui s'éleva au commencement de juin et continua jusqu'à la fin d'août si cendreux et si épais qu'on pouvait fixer le soleil à midi comme le matin aussi aisément que la lune, sans pluye, sans tonnerre, ce qui n'empêcha pas de faire d'excellents foins et de bons grains qui furent assez abondants ; mais on paya cela en 84. Une neige, comme on n'en a jamais revu, tomba au mois de janvier si continuellement, si abondante que toutes les plaines en furent couvertes jusques à la hauteur de 3 pieds, et la fonte fit périr les grains dans la plupart des Vosges, où l'on n'eut que très peu de gerbes, mais d'excellente qualité et *grenais* ; l'été fit sécher les avoines et la fit se vendre jusqu'à trois livres la quarte. »

APREMONT.

Paroissiaux remontant à 1605.

Le registre commençant à l'année 1674 est relié avec une lettre de rémission sur parchemin accordée par les archiducs Albert et Isabelle-Claire-Eugénie à un individu du nom de Faucogney, originaire d'Apremont, qui, insulté et attaqué par un habitant dudit lieu, l'aurait frappé et tué sans toutefois avoir eu l'intention de lui donner la mort.

AUTET.

Paroissiaux remontant à 1648.

Sur le premier se trouvent consignés, avec une recette contre la fièvre quarte (plein le creux de la main de graine d'épinards infusée pendant vingt-quatre heures dans du vin blanc vieux et pris une heure avant l'accès), les comptes du curé Lymasset pendant l'année 1636. On y remarque les notes suivantes : « Abraham Rosselet me doibt 10 francs pour l'avance que j'ay faite aux habitants pour les munitions des soldats ; item, trois sols que j'ai donné pour les habitants au messager qui vint de Besançon avertir du logement ; item......... groz donnés au lorrain quant il porta la lettre à Monsieur de Mercy, à Chariez. » Le même curé Lymasset inscrivit de mémoire les naissances, mariages et décès des années 1636 et 1637 dont il n'avait pas tenu registre.

Sur le cinquième registre on lit : « Minute du registre des baptêmes, mariages et mortuaires de la paroisse des apostres St Pierre et St Paul d'Autet en Comté, diocèse de Langres, commençant le 29 juillet 1729, et diocèse de Dijon depuis l'année 1731, par moy prebtre curé d'Autet, soubsigné, le 28 décembre 1731. Signé N. Demougeot, prebtre, curé d'Autet. »

Des feuillets qui devaient renfermer des renseignements curieux sur les deux conquêtes de 1674 et de 1668 ont été malheureusement arrachés du premier registre.

CERRE-LES-NOROY.

Paroissiaux remontant à 1600.

Le premier registre est précédé de quelques feuillets renfermant des sentences d'excommunication prononcées contre des débiteurs récalcitrants à partir de 1562. On en compte onze de 1562 à 1594. Elles sont généralement ainsi formulées : « Monitus est dominus Hubert presbyter vicarius de Maleroncourt-Charette, pro contumaciâ auctoritate officialis curie bisuntine ad instantiam domini procuratoris generalis et fiscalis curie bisuntine. Mandatum die ultima mensis augusti anno domini millesimo quingentesimo sexagesimo nono. »

On trouve l'excommunication pour dettes d'un autre ecclésiastique, Pierre Sirejehan, prêtre de Villersexel.

Les absolutions après le paiement de la dette étaient mentionnées en marge. A chaque visite des registres, le nombre des excommuniés non absous était constaté en ces termes : « Duo supersunt in presenti registro personarum excommunicatarum quarum petitus rationem reddet ejus custos qui fidelitatis juramentum prestitit die VII . . . .

. . . . 1562. » — « Articuli restant duo personarum excommunicatarum . . . . quarum rationem custos registri reddet. Quod . . . . magistrum Symonum d'Amblans presbyterum substitutum . . . . de Jaleranges atque maiore juridictione liceatiati tamque procuratoris generalis curie et archiepiscopatus Bisuntini visum est die sexta septembris anno 1562. »

CHAMPAGNEY.

Registres remontant à 1674.
Sur le premier on lit :

« Registrum infantium baptizatorum per me Claudium Franciscum Pouthier ecclesiæ parrochialis de Champagney rectorem anno 1674, quo anno Dominus de Turenne Lotharingiâ in Alsatiâ cum numeroso exercitu transivit ut ab eâdem Alsatiâ germanicas manus abigeret; favisset ei plurimum fortuna nisi ictu ænei tormenti ipsi ultimum clausisset diem. Sic registrum ab anno 1580 usque ad annum 1674 inchoatum a militibus Turenni ablatum fuit et unquam recuperatum. »

Sous l'année 1683 on lit la note suivante :

« Invictissimus Ludovicus XIIII, christianissimus rex cognomine maximus, die 21 junii unâcum reginâ Theresiâ Philippi IV Hispaniarum regis filia, quæ post aliquot dies, piè sanctèque post reditum, non sine maximo omnium populorum et præcipuè Burgundorum mærore, obiit, die, inquam, 21 junii anno dominico 1683 in hoc loco de Champagney pernoctavit et donodedit trigenta ludovicos aureos ecclesiæ dicti loci. Ex quorum censu lampas ardere deberet jugiter æterna munera grat. Deo. Claudius Franciscus Pouthier Vercellensis et parochus præfati loci de Champagney (1683). »

Plus bas : « Rex Ludovicus intrat Vesontionem 1683. — Rex Ludovicus Vesontionis amor 1683 »

Sous l'année 1705, note relative à la cloche « qui a été fondue le 25 novembre et béniste le 27 dudit mois 1704, et est inscrit à l'entour d'icelle comme s'ensuit, sçavoir : Jesus, Maria, Joseph, Sancte Laurente ora pro nobis. Je suis beniste par le sieur Philippe Ballay, curé de Champagney. J'ai pour parrain Jacques-Bonaventure Vaignedroy, fils du sieur Pierre-Laurent Vaignedroy et d'Anne Bruey, et pour marraine Agathe Bruey la jeune, qui m'ont nommée Agathe. A fulgure et tempestate libera nos domine. Faite par moy Nicolas Diey de Germainvilliers, 1704. »

CHAMPLITTE-LA-VILLE.

Paroissiaux remontant à 1691.

Le premier a pour couverture des lettres de légitimation accordées par l'infante Isabelle-Claire-Eugénie à un prêtre enfant naturel, en 1612.

CORRAVILLERS.

Paroissiaux remontant à 1613.
Il n'y a pas d'interruption en 1636.

ÉCHENOZ-LA-MELINE.

Paroissiaux remontant à 1625.

On remarque sur le premier registre qu'à partir de janvier 1637, on note souvent, à propos des naissances, que c'est pendant que leurs parents étaient retirés à Vesoul « ob necessitatem temporis belli » que ces enfants sont venus au monde et qu'ils ont été baptisés accidentellement à Vesoul. Ces mentions paraissent s'étendre jusqu'à l'année 1642.

FAVERNEY.

Paroissiaux remontant à 1601.

Sur le premier se trouve l'acte de baptême suivant, curieux au point de vue de la désignation de la paternité : « Stephaneta filia illegitima domini Nicolai Noirot, religiosi in conventu abbatiali de Faverney, et Philibertæ Bourrelier, fuit baptisata die vigesima secunda mensis julii, anno quo supra (1616). »

GRAY.

Paroissiaux remontant à 1598.

Nombreuses notes marginales relatives à des faits historiques.

1er Registre. — Transcription d'une bulle du pape Alexandre VII accordant une indulgence plénière aux fidèles qui communieront le jour de la fête de St François de Sales (18 septembre 1666). — Enregistrement de diverses sentences d'excommunication. « Dominus Philibertus Grange, presbyter canonicus Grajacensis, die octava julii anni 1612 fuit declaratus incurrisse excommunicationem ob non solutionem centum francorum monetæ ad instantiam dominæ Annæ Voillard per sententiam deffinitivam et executorialem Reverendi Officialis Bisuntinensis cui declarationi sese opposuit, sed die Jovis post octavas Visitationis Beatæ Mariæ cum se opposuisset, de mandato domini Officialis et per eamdem sententiam jussum fuit non obstante oppositioni dictæ declarationis excommunicationis ulterius demandari. Ideo de . . . . fuit quinta augusti . . . . declaratus per me subsignatum curatum ad instantiam dictæ Annæ Voillard et juxta formam dictæ sententiæ. J. Bligney, curatus. Tandem in loco de Grajaco die 24 novemb. 1612 coram domino officiali et Antonio . . . . comparuere partes et satisfactas esse dixerunt. Ideo verbaliter absolutus est a reverendo domino officiali. J. Bligney, curatus. » — Excommunication de Jeanne Prodhon et de Jeanne Monot, épouse de Claude Chos, pour n'avoir pas voulu payer à frère Michel

Monot, cordelier, la somme de 100 francs. — Absolution du 4 décembre 1612. — Liste des curés de Gray. (Cette liste a été publiée dans l'*Histoire de la Ville de Gray* par MM. les abbés Gatin et Besson.) — Bénédiction du pont de pierre. « Le mardy douzième jour du mois de juillet l'an mil six cent vingt-deux, la bénédiction a esté faicte par moy Christophle d'Arc, prebtre, curé de Gray, du pont de pierre construit et dressé sur la rivière de Saône, comme aussy de la porte Sainct Andrey ainsi nommée par l'ordonnance et commandement de Son Excellence Monseigneur l'Illustrissime Cleriadus de Vergy, comte de Champlitte, chevalier du Toyson d'Or, Gouverneur et Capitaine général en ce pays et comté de Bourgogne; par laquelle porte de Sainct Andrey l'on a commencé de passer estant pour lors viscomte et maïeur de ladicte ville : noble Jean de Laynet, escuier, sieur d'Essertenne, Prantigney, la Maison du Bois, etc.; eschevins: nobles Jean Robert et Jean-Baptiste Barberot, docteur ès droit, avec honorables Andrey Bernard et Jacques Balin, apothicaire; et recepveur de ladite ville : honorable Pierre Chanoyne, marchant. Dieu veuille que le tout succède à son honneur et gloire. » — Détails sur un incendie. « A la postérité soit notoire et manifeste que le mardy vingt-troisième jour du mois d'août de l'an 1622, environ le midy, le feu se print au foing estant sur le soulier des estableries de la maison appartenant à Claude Prévost, de Fleurey, maistre de postes, demeurant à Gray, lequel feu brusla aussi la maison contigue, comme de mesme le clouchefz et toute la ramure de l'église de l'hospital du St Esprit dudit Gray, avec la maison du recteur d'icelluy et celle des pauvres joignante à ladite église, ensemble une aultre voysine et joignant celle dudit Prévost. Il y a eu une cloche fondue sur la votte de la nefve et l'aultre tombant rompit laditte votte, laquelle en fust cassée ; les sanctuaires estant en ladite église furent portez en l'église parrochialle. Il y eust aussy plusieurs maisons bruslées tant dois la vieille porte de Saône jusques en la maison d'honorable Odot Agnus qu'en celle du moulin, tirant à la maison de noble Pierre Hugon, docteur ès droit, lieutenant-général au bailliage et siége de Gray. Je soubsigné, messire Christophle d'Arc, prebtre, curé dudit Gray, porta le très-sainct Sacrement dois devant le fourg d'embas à la porte Sainct Andrey, et dois là par-dessus la muraille du costé du moulin, et retourna par la ruelle estant voysine à la maison du sieur Jacques Jacquinot, et ayant demeuré environ deux heures affin qu'il pleut à Dieu par les mérites et intercessions de la glorieuse et immaculée Vierge Marie d'appaiser son ire et indignation et faire cesser ce feu et embrasement, je fis vœux à sa divine Majesté, du consentement de noble Jean de Laynet, escuyer, sieur d'Essertenne, vicomte et maïeur de la ville dudit Gray et de plusieurs aultres notables tant du corps du magistrat que de ladite ville, que nous ferions une procession solennelle et générale dois ladite église parrochialle jusques à celle du couvent des Rév. P. Capucins où est une image miraculeuse de ladite glorieuse vierge Marie entaillée du bois de chesne de celle de Notre-Dame de Montaigu en Flandres. Lequel vœux ayant esté ainsin émis l'on recougneust manifestement que dois lors le feu commencea à diminuer et n'endommaigier davantage de maisons que celles qui brusloient. Laquelle procession a esté faicte le lundy, vingt-neufième jour du susdit mois et auquel l'on célèbre la feste de la décolation Monsieur St Jean-Baptiste, où je célébra le saint sacrifice de la messe au grand autel où l'on avoit posé la susdite image ; laquelle lesdits R. P. Capucins au jour susdict 23 et pendant le feu l'apportèrent en procession en ladite rue du Pont. Dieu par sa bonté et miséricorde nous face la grâce de ne plus vedir et resentir tel accident et infortune. Oratio : Protector noster aspice Deus et ab inimicorum nostrorum et omni incendio nos defende periculis ut, perturbatione semota, liberis tibi mentibus serviamus. Per Deum nostrum Jesum Christum etc. »

« Ego subsignatus Franciscus Bleigney, presbyter, curatus de Gray, fidem facio quod anno 1610 die lunæ quæ fuit 13 decembri circa decimam horam ante meridiem concenaculum templi Ecclesiæ nostræ parrochialis incendio corruisse, idque negligentiâ editum. Cumque tota ecclesia tunc periclitaretur, tota parrochia votum vovit Domino quod si Deus optimus maximus precibus S.S. Luciæ et Agathæ suum custodiret templum, in perpetuum festa dictarum Sanctarum celebraretur. Protinus emisso voto, cessavit conflagratio. Quæ vera attestor, Bleigney, presbyter. »

« Le tier jour du mois de juillet 1621, la bénédiction a esté faicte de la cloche servant de timbre par moy Christophe d'Arc, prestre, curé de Gray. Parrain : noble Jean de Laynet, escuier, viscomte et mayeur dudit Gray, sieur d'Essertennes, Prantigney, la Maison du Bois ; marainne : haulte et puissante dame dame Magdeleine de Toulongeon (1), femme et compaigne de Son Exc. Mgr Cleriadus de Vergy, comte de Champlitte, chevalier du Toison d'Or, gouverneur de Bourgogne, et s'appelle : Magdeleine. » (En marge : « Elle a esté cassée et refondue l'an 1631. »)

« Die Martis in festo Sancti Marci Evangeliste vigesima quinta Aprilis, anno incarnationis dominicæ millesimo sexcentesimo vigesimo tertio, fuit facta consecratio ac dedicatio Ecclesiæ monialium in urbe Grayanâ existentium in honorem ac reverentiam Sancti Ludovici confessoris Francorum regis, et Sanctæ Elizabeth viduæ, reginæ Hungariæ, ab illustrissimo ac reverendissimo domino Claudio de Barres, sanctæ Theologiæ doctori Minorum observantium, Episcopo Andrevillensi, illustrissimi ac reverendissimi domini Ferdi-

(1) Christophe d'Arc a fait ici une erreur, car Cleriadus de Vergy avait épousé Madeleine de Bauffremont.

nandi à Rya, archiepiscopi Bisuntini, suffraganeo. Laus Deo O. M. »

2° Registre. — Transcription de l'excommunication d'André Agnus, chirurgien, pour avoir refusé de payer la somme de 20 livres estevenins « honestæ mulieri Ludovicæ Crevesenet Grayacensi, pro alimentis puerperii ab eâ operibus infrascripti et semine ejusdem in lucem emissi » (16 décembre 1614). — Différentes autres excommunications pour défaut de paiement de sommes fixées par l'official de Besançon. « Benedictio primarii lapidis pro Ecclesia sanctimonialium Sanctæ Ursulæ, 20° julii 1634. » — (On peut remarquer qu'à partir du mois de juin 1636, la plupart des naissances proviennent de parents ayant quitté, à cause de la guerre et du voisinage de l'armée de Condé faisant le siége de Dôle, les villages des environs pour se réfugier dans la ville.) — On lit aussi à la clôture du mois de décembre : « Finis anni 1636. O panis Eucharistiæ, cibus sanitatis, pius dator veniæ, culpas laxa gratis, pacis et concordiæ donis confirmatis, fac in fine miseriæ nos jungi Beatis. A peste, fame, bello et ab imminentibus periculis eripiat nos Dei Genitrix Virgo. Amen. » — Anagramme pour le sieur Cadot, composée, lors de sa prise de possession de la cure de Gray, par le sieur Altériet, chanoine et familier à Gray, le 19 octobre 1664 : « Petrus Cadot, Portat Decus. — Curæ graves, sed grande decus, res mira, suave portat onus, populo pignora sacra parat. » Suit un éloge du curé Clériadus Oudeau, prédécesseur de Pierre Cadot. — Décembre 1664. « Au commencement de ce mois il y parut une comette. Dieu nous préserve de malheur. Il y parut encore une comette sur la fin de ce mois ; toutes deux se tenoient du cotté de Gy. » — 1665. « Que messire Philippe de la Baume, marquis d'Yenne, gouverneur de Bourgogne, fit faire les funérailles du très-auguste Philippe IV, roy d'Espagne, dans la chapelle royale, le 6 de décembre 1665. Le sieur Charles Tricornot, sieur du Trembloy, fit la harangue funèbre, et messire Pierre-François Cadot, curé de Gray, fit celle du corps de la familiarité, le sieur Balahu celle de Mrs du magistrat. » — 1666. « Il fit trois grands coups de tonnerre à deux heures après minuict, le 4 de febvrier 1666. » — « Nota. Que la procession générale et annuelle qui fut vouée par Mrs du magistrat à l'image miraculeuse de la Sainte Vierge en actions de grâces des prérogatives et faveurs que la ville de Gray a receu par son intercession d'aller tous les samedis devant sa feste de l'Annonciation, auquel jour elle fit connaître ses premiers miracles en l'an 1620, eut lieu dans l'église des R. P. pour luy rendre nos devoirs et nos reconnaissances ; à la prière et requeste présentée par Mrs du magistrat à Mgr l'Illustrissime et Révérendissime Anth. Pierre de Grammont, archevesque de Besançon, il a remis et transféré ladite procession à la dernière feste de Pasques, comme il apert par sa bulle dattée du 14 mars 1666, et ce à perpétuité. » — « Nota. Que le 25 juillet 1666, un dimanche jour de feste St Jacques, la solemnité de la canonisation de St François de Sales commencea par les vespres et la bénédiction du Saint Sacrement dans l'église des Révérendes Mères de la Visitation qui estoit richement et ingénieusement parée ; la pompe de cette feste dura huict jours. Dom Frédéric de Bisseau, abbé de Corneul, l'ouvrit, et messire Pierre-François Cadot, curé, la ferma. Il servit d'assistant ledit Rév. abbé, et aux vespres et à la messe ledit sieur curé porta, sous un poële soutenu par quatre diacres, les reliques de St François de Sales processionnellement aux Capucins, dont le R. P. Gardien apporta à la ville l'image miraculeuse de Notre-Dame que ledit sieur curé eust heu le bonheur de reporter, si M. l'abbé ne s'y fust objecté. La Rév. Mère Sachot, supérieure, et la Mère de Champrougier, assistante, envoyèrent le tableau de leur saint fondateur

audit sieur Cadot, curé, avec prière de lui donner une place
dans son église, ce qu'il a voulu noter icy pour une immor-
telle mémoire, et pour mettre sa paroisse soubz la protection
de ce grand saint. » — « Nota. Que le 26 novembre 1666, le
feu se prit sur les six heures du soir à la cheminée de la
maison du sieur Odot-Pierre Hugon, à la rue S¹-Anthoine ; la
bise étoit si violente qu'elle portoit les charbons jusque sur
les remparts. Je portai le Saint Sacrement et aussitost il fut
esteint. » — « Nota. Que messire Philippe de la Baume,
marquis d'Hyenne, gouverneur de Bourgogne, fit la con-
frairie de S¹ Georges en cette ville, et rendit le baston à
MM⁰ˢ Jean-Baptiste de Gilley, baron de Marnault ; les offices
se célébrèrent en l'église des R. P. Cordeliers et commencèrent le dimanche à vespres 24 d'apvril 1667. »

On trouve à la date de mai 1667 une note qui a été biffée
plus tard après la conquête française, parce que son auteur
craignit sans doute qu'elle ne fût trouvée injurieuse pour
Louis XIV. On ne peut plus déchiffrer que ces mots : « Louis
quatorze, Roy de France, a rompu la paix conclue par son
mariage avec Marie-Thérèse d'Autriche. . . . .
. . . . Il est allé attaquer les Pays-Bas
pendant. . . . . . » — 11 septembre 1667. Procession par
les R. P. Capucins de l'Image Miraculeuse de Notre-Dame.

16 décembre 1667. — Bénédiction d'une maison ès Per-
rières.

1668. Jour de la Purification Notre-Dame. — Procession de
l'Image Miraculeuse à cause de l'armée ennemie qui estoit
entrée dans la province.

Juin 1668. — Note aussi effacée à l'encre et sans doute
pour les mêmes motifs que la précédente. On distingue
encore ces mots : « Les François sortirent de Gray le 10 de
juing 1668 ung dimanche jour de. . . . . . . de l'esglise
parrochiale . . . . Ceux qui estoient soupçonnés
d'estre de l'horrible trahison de cette province regrettèrent

beaucoup ce départ et les fidèles bourguignons tesmoignèrent une joye qui ne se peut exprimer. »

Septembre 1669. — Note relative à l'arrivée d'un ingénieur qui vint par ordre du roi d'Espagne lever le plan des murailles pour aviser à leurs réparations. Elle est fortement biffée comme toutes celles ayant un caractère politique et militaire. On lit encore cependant : « . . . . vient par ordre de sa . . . . Castille lever le plan pour réparer les murailles . . . . luy fit présent de cent pistoles. »

« Nota. — Qu'un dimanche vingtiesme d'octobre 1669, tous les corps ecclésiastiques sortirent processionnellement de l'église paroissiale accompagnés d'illustre Maximilien Laurent, comte de Staremberg, collonel d'un régiment d'infanterie pour le service du Roy, et de M^{rs} de la ville en corps, et se rendirent près de la Croix de Lonjour où estoit dressé un autel portatif où se fit la station ; puis ilz se transportèrent dans le mesme ordre sur les ouvrages tracés au bas du bastion appelé de la Roche où je soubsigné, curé, ledit comte de Staremberg, noble Claude-Emmanuel Mongin, vicomte et mayeur, et dom Franchet Mareschal, ingénieur pour sa Majesté, firent l'ouverture desdits ouvrages par chascun trois coups de tranchées, après lesquels je fis la bénédiction de ce commencement de fortification ; ensuitte le Te Deum fut aussitost entonné. Ce que j'ay voulu remarquer icy pour la plus grande gloire de Dieu et de Nostre-Dame Libératrice. P. Cadot, prebtre, curé de Gray. » —

« Nota. Que le treiziesme de décembre de la présente année, le guet ayant donné le tocsin entre neuf et dix heures du soir, le sieur François . . . . procureur syndic ayant accouru pour le pacifier, Antoine [Guellegaud] luy donna un coup de pistolet dont il mourut quelques jours après. Anatoile Charlet dans le mesme moment fut aussy blessé d'un coup de pistolet par le jeune Forestier dont il mourut aussy quelques jours après, et comme les bourgeois et les soldats voulurent venger ces énormes assassinats, Gray auroit veu des maisons démolies et des brûlées, si après que j'eus donné le viatique aux blessés je n'eusse retenu leurs justes ressentiments par la présence du S¹ Sacrement, en les priant de se retirer et de laisser la vengeance à ce Dieu qui se l'estoit reservée et qui ne laissoit rien d'impuny, et qu'en attendant il falloit s'adresser à la justice qu'il avoit establie sur la terre. Ils me crurent. » — « Nota. Samedy 20 août 1689. Guérison miraculeuse de sœur Pierrette-Béatrix Hugon, ursuline, en baisant l'image de Notre-Dame. »

16 novembre 1643. — Bénédiction du fourneau pour la fonte de la grosse cloche.

20 janvier 1647. — L'édifice de la maison du Collége tombe environ les deux et trois heures après minuit.

Tome III. — Transcription du vœu de la ville, prononcé par le curé, pour être délivrée des maladies contagieuses qui règnent en ce moment et préservée de la peste (4 juillet 1670).

16 février 1671. — Incendie à Arc.

21 février 1672. — Procession solennelle pour la célébration de la fête de la canonisation de S¹ François Borgia, troisième général de la Compagnie de Jésus.

7 juillet 1672. — « Arrivée de son Exc. M⁹ʳ don Hiérosme Benavente Quinones, gouverneur de Bourgogne, qui apporta 45 mille francs pour commencer les murailles. Je l'invitai a un Te Deum, mais il ne voulut que l'Exaudiat qui se dit le jeudy devant la bénédiction du S¹ Sacrement. »

Octobre 1673. — Note en partie effacée. On ne peut lire que : « Le comte de Monterey, gouverneur des Pays-Bas, fit publier la déclaration de la guerre contre le roy de France, de la part du roi d'Espagne, le . . . . octobre 1673, y estant forcé par les pilleries et les brulements des troupes françoises. Da pacem, domine, in diebus nostris. »

6 juin 1674. — Note aussi raturée : « Nota. Le 6 juin, feste de S⁺ Claude, la garnison françoise sortit de Gray pour aller à Dôle ; les soldats, depuis la contrescarpe, tiroient contre la ville. Je receus un coup de mousquet dans la rue S⁺-Antoine qui percea ma [soutane] à l'endroit de la cuisse, sans me blesser, et la bale fust trouvée à quinze pas de moy. » En marge, d'une autre écriture, on lit : « C'estoit quelque chose de beau. »

29 juin 1674. — « Jour de feste de S⁺ Pierre, procession générale aux R. P. Capucins, qui avoit esté différée à raison de la prise de la ville jusqu'alors, et Nostre-Dame Miraculeuse, cachée à cause de la guerre, fut apportée en l'église parrochiale. »

12 septembre 1675. — Procession pour la béatification de Jean De la Croix, espagnol, premier carme déchaussé.

7 septembre 1682. — Consécration de l'église des Ursulines par l'archevêque Antoine-Pierre de Grammont.

Nota. — « Le Grand Turc Mahomet quatriesme fit assiéger Vienne en Autriche par son grand visir à la teste de 300 000 hommes et battre de 300 pièces de canon, et pendant deux mois fit donner plusieurs assauts de 40 000 à 50 000 hommes qui furent généreusement soutenus et repoussés par les soins infatigables du vaillant comte de Staremberg, gouverneur de la place. Enfin le brave Sobiesky, roy de Pologne, Son Altesse Royale de Lorraine, les électeurs de Bavière et de Saxe, le comte de Valdecque et autres princes allemands, attaquèrent les Turcs dans leurs retranchements, délivrèrent Vienne et remportèrent une grande et mémorable victoire le 12 septembre 1683. Dieu en soit à jamais loué. »

17 juin 1684. — Bénédiction de la grosse cloche nommée Pierrette-Charlotte.

14 juin 1684. — Bénédiction de trois autres petites cloches servant au petit carillon.

HAUTEVELLE.

Registre de 1719 à 1792.

Vœu fait par les habitants le 6 octobre 1720 de chômer les fêtes de S' Sébastien et S' Roch, car, grâce à la dévotion particulière qu'ils ont eue en ces saints, ils ont été préservés eux, leurs femmes et leurs enfants de la peste, et leur bétail de toutes les maladies contagieuses qui ont régné dans toute la comté de Bourgogne et dans tous les villages voisins d'Hautevelle.

Procès-verbal de l'envoi d'un fragment d'os de S' Didier, patron de la paroisse d'Hautevelle, par le sieur Antoine de Quermeville, chanoine de l'église cathédrale de Langres, prieur du prieuré de Saint-Didier de ladite ville.

Vœu fait par les habitants de chômer les jours des fêtes de S' Antoine, S' Guerrin et S' Hubert.

LURE.

Notes historiques consignées sur les premiers feuillets du registre paroissial de la ville de Lure, coté GG, 8, n° 2.

Anno millesimo sexcentesimo sexagesimo septimo die viges . . . . . . quinta mensis Augusti Illustrissimus ac Reverendissimus in Domino Archiepiscopus Bisuntinus Anthonius Petrus de Grammont venit Lutram visitationis causà, in qua visitatione tempore trium dierum Lutræ mansit quibus diebus contulit sacramentum confirmationis; et comitabantur ei duo procuratores fiscales, duo capelani, duo secretarii, et unus advocatus fiscalis, tres dein quatuor domestici; quæ visitatio facta fuit sumptibus parochiæ Lutrensis et meis, parochiæque etiam de Roe et parochi eiusdem loci, parochiæ de Roye et eius parochi, parochiæ de Frostey eiusque parochi, et parochiæ de Lyoffans eiusque parochi, parochiæ de Moffans eiusque parochi, parochiæ de Villelure et eius parochi, parochiæ de Molan eiusque parochi, parochiæ de Pommoy eiusque parochi, parochiæ de Quers eiusque parochi, et parochiæ de Bouhans eiusque parochi. Quæ parochiæ omnes iussu eiusdem reverendissimi Archiepiscopi huc advocatæ fuerunt ; post quam visitationem Champagney, Planches et la Mine petiit, dein Belfortum, me ipsum comitante parrocho Luthrensi.

Anno 1668° : Tota Burgundia devastata fuit a Ludovico rege Galliæ ipsomet presente idest Ludovico decimo quarto, et traditione gubernatoris provinciæ Burgundiæ : quam provinciam tenuit circiter duobus mensibus et tractu pacis, quod factum fuit circiter mensem januarii.

Anno 1670 : Idem rex devastavit totam Lotharingiam et multas urbes obsessit expulitque ducem Charolum.

Anno 1673 : Luthra obsessa jullii et capta a Gallis et custodia Gallorum mansit sub protectione et gubernatione domini de la Bruyere sex annis ; et in fine custodiæ anni 1679 die decima augusti, reunita fuit tota terra et dependentiæ totius principalitatis luthrensis comitatui Burgundiæ, et juramentum ab omnibus excepit dominus marchio de Monta . . . . gubernator Burgundiæ (Deo sint laudes), commissus a rege Galliæ.

Anno 1679 : Reparata fuit nostra Ecclesia et summum altare retro motum fuit ; et elemosinis totius parrochiæ.

Anno 1676 : Destructa fuit Ecclesia Sancti Deicoli ; ipsa erecta erat prope Abbatiam, in parte sinistra extra urbem ingrediendo dictam Abbatiam, et ex lapidibus eiusdem Ecclesiæ in cæmeterio Sancti Martini constructum fuit propugnaculum dictum vulgo Redoute.

Sit cum pace salus, cunctis legentibus ista ; Et vita functis sit super astra quies.

Notum sit, atque certum omnibusque reverendis, nobilibusque cæterisque claris viris, presentes inspecturis, vel audituris, tertium, ordine et nomine, Joannem Rudolphum parochum Lutrensem (per Dei gratiam), extitisse, Joannem scilicet Rudolphum Elion infra subscriptum jam antea curatum de Calce juxta urbem Belfort per concursum Bisuntii declaratum 9 augusti 1621, filium Domini Joannis Rudolphi Elion civis et signiferi Lutrensis qui obiit 28 decembris 1629, et Joanæ uxoris ejus defunctæ 12 martii 1627. Patrinus itaque infra subsignati fuit reverendissimus dominus Joannes Rudolphus Stor Lutrensis parochus, 25 augusti 1585, qui quidem regnavit in parochia Lutrensi per 27 annos sicut ex suo baptizatorum registro collegi à die scilicet 23 aprilis 1573, et tandem pie in Christo mortuus, 10 martii 1600, [me iam Bisuntii audiente], quo quidem anno nepos ei Joannes Rudolphus de Stor filius Joannis Guillelmi de Stor fratris dicti parochi patrini et sicut et subsignati, factus est et successor Lutrensis parochus; promotus ab Illustrissimo et sanctissimo Reverendissimo Domino Cardinali Andrea ab Austria, Murbacensis et Ludrensis administratore : ab ipso. N. dictus nepos, dicto mense et anno factus est Ecclesiæ Lutrensis Rector, qui per 30 annos regnavit : et tandem pie in Domino defunctus est 28 martii 1630, cuique successor infradictus nomine et ordine fuit a Reverendissimo D. D. fratre Columbano Thsendi a clari ordinis Sancti Benedicti ex monasterio S. Galli prope Lucernam administratore monasterium imperialum Murba et Lutrensis dignissimo, pro filio imperatoris Ferdi[nandi] secundi semper Augusti, Leopoldo scilicet Willelmo Archiduce Austriæ et principe nostro clementissimo, etc. : Præsentatus itaque supradictus 13 aprilis 1630 et admissus ecclesiæ Lutrensis parochus a reverendissimo domino vicario generali Bisuntino Jacobo de Blaveriis, quo et anno frater clarissimus subsignati factus est parochus Altisonensis juxta Visulium, nomine et Joannes Rudolphus, cujus patrinus fuit antecessor supradictus cui vita functo est sine fine quies. In cujus rei fidem et memoriam hasce nostra manu propria subscrip. . . . . Nos Reverendissimo Domino nostro successori cui prospera cuncta precamur ex suisque precibus humiliter commendantes juxta sapientis . . . . Quos in honore sequemur et in morte : Vita enim nobis data est cum expectatione mortis ; Respice finem. Scripta hæc fuere die veneris, 12 julii 1630, quo die trencenti milites ex urbe Lutrensi magno civium apprehensu discesserunt, qui quidem per septem menses Lutræ jussu Cæsareæ Majestatis permanserunt sub Hermano duce.

Rudolphus Elio presbiter et parochus Lutrensis.

Sed postea eodem anno secuta est pestis infra a mense septembri scilicet à Nativitate Beatæ Virginis Mariæ, usque ad decembrem scilicet conceptionem eiusdem Beatæ Virginis Mariæ, post quam in illa postea secuta, sicque urbs fuit libera, meritis ut pie credimus eiusdem gloriosæ Virginis Mariæ. Ideoque non immemores tanti beneficii procuravimus confraternitatem Sanctissimi Rosarii in ecclesia parochiali lutrei i 163. Mortui sunt tempore pestilentiæ circiter centum et ducenti fere extra dijecti.

Prospera sæpe nocent : parant adversa salutem ; fac ea quæ moriens facta fuisse velis.

Anno Domini 1633 : Urbs Belfortensis cum castello fuit ipso die trium regum 6 januarii a Ringravio, duce Suedorum, qui intra duos menses totam cæpit et vastavit Alsatiam, sine ulla fere resistantia, excepta urbe de Benfelt quæ per novem septimanas impetum et obsidionem dicti Ringravii sustinuit, tandem per honestam compositionem reddita ipso Sancti Martini die anno 1632, novembris 11. Tandem dictus Ringravius cum duobus millibus sexcentis equitibus cæteris et pedibus sicut a fide dignis presentibus percepimus, ad Lutram venit eamque obsedit 13 februarii 1633, die dominica, quæ fuit prima dominica quadragesimæ, hora II, ante meridiem cum suis, nobis nescientibus in pago de

Champoigne, de cujus tamen adventu ipsa dominica nocte hora post mediam noctem monuerat nos juvenis quidam 18 annorum, famulus D. Salmout Belfortensis t. V. Doctoris missus a R. Patribus Capucinis Belfortensibus pridie a suo per divinam providentiam quæ manifeste apparuit nosque liberavit precibusque B. Mariæ Virginis et S. Deicoli Patronis nostri et S. Martini ut pie credimus. Lutra die scilicet sabbati ad noctem venerat generosus baro de Vaugrenans, capitaneus Cesareæ Maiestatis, Burgundus qui cum quadraginta equitibus et centum militibus Helvetiis, duce Domino Vallry, et sexaginta circiter civibus lutrensibus, omnem moverunt lapidem omnes, qui, inquam, omnem industriam militarem adhibuit cum suis, et obsidionem sustinuit per septem dies, ita ut coactus fuerit dictus Ringravius a Lutra recedere die sabbati 19 februarii, centum et quadraginta circiter ex suis occisis bonbardis ante Lutram, inter quos fuit generalis affinis Jullius dicti Ringravii, suorum sepeliendorum ultra ut procerto dictum est ducentos milites qui nocte auffugerant ab ipso ; nullus Lutræ miles fuit occisus per Dei gratiam ; tunctamen super muros occisi bonbardis fuerunt, me presente in monasterio toto obsidionis tempore, solus nunc ex sacerdotibus remanseram in urbe Lutrensi cum Reverendo fratre Capucino Christophoro.

Ipso die obsidionis solus cum tribus sepelivi in monasterio Lutrensi R. D. Philibertum de Cléron religiosum maiorem priorem S. Deicoli qui fuerat Lutræ D. religiosus per quinquaginta septem annos.

MANTOCHE.

Paroissiaux remontant à 1607.
Interruption de 1621 à 1648.

MARNAY.

Paroissiaux remontant à 1606.

Sur le premier se trouve cette note : « Hic multi debuerunt inscribi, sed propter bella, pestem et famem deficiunt. »

MEMBREY.

Paroissiaux remontant à 1578.

MOLAY.

Paroissiaux remontant à 1596.

Annotation faite par le sieur Pierre Aillet, curé de Laitres, en 1641 :

« Ab anno 1636 vix ulli baptizati fuerunt quia ob continuos bellorum tumultus qui tunc tempore totam provinciam devastaverunt, major pars populi proprios ædes deserens in externas regiones aufugerat. »

MOLLANS.

Paroissiaux remontant à 1551.

MONTAGNEY.

Paroissiaux remontant à 1599.

Interruption depuis le 9 mai 1636 jusqu'au 2 mars 1641. La cause en est indiquée par cette brève note marginale : « Tempore bellorum. »

MONTDORÉ.

Paroissiaux remontant à 1640.

Sur celui de 1749 à 1778 se trouve la transcription du mandement de « Jean Dorothée, évêque de Lauzanne, abbé de Faverney, agissant comme délégué de Mgr Ferdinand de Rye, archevêque de Besançon, détachant l'église de Vauvillers de la paroisse de l'église de Saint-Martin de Montdoré et l'érigeant en paroisse séparée » en date du 12 mai 1605.

MONT-LE-FRANOIS.

Paroissiaux remontant à 1648.

Sur le premier on lit : « Registrum infantium baptizatorum per me curatum, post bellorum in hoc comitatu quassantium cessationem, incœptum anno domini millesimo sexcentesimo quadragesimo octavo. Signé : E. Ratte, parochus. »

Sur la couverture du second volume : « Le 26 mars, le lendemain de l'Annonciation de la Ste Vierge 1699, j'ay, soubsigné, fait la bénédiction pour la première fois sur le fourneau neuf du Courchot basti et édiffié par le sieur Jacques Pernin, maistre de la forge dudit Courchot. Drouaillet, prestre, curé de Mont. »

MONTUREUX-LES-GRAY.

Paroissiaux remontant à 1605.

Interruption de mai 1635 à 1649.

Le premier volume renferme une liste des fondations de services religieux en l'église Saint-Martin de Beaujeu au XVIIe siècle.

OISELAY.

Paroissiaux remontant à 1561.

Une note relative à la bénédiction de la cloche en 1633.

PIN-L'ÉMAGNY.

Paroissiaux remontant à 1583.

Au mois de mars 1636 se trouve cette note : « Desunt in hoc registro novem anni propter calamitatem belli et aliarum miseriarum hujus provinciæ »

PLANCHER-BAS.

Les paroissiaux remontent à 1659.

Sur le premier se trouvent les notes suivantes : « L'église de la Mine ou de Plancher-la-Mine fut consacrée par Charles de Neufchâtel le dernier jour du mois de mars de l'an 1488 et la feste de la Dédicace est remise . . . . des paroissiens le dimanche après la St Marc Evangeliste à raison des festes de Pasque et semaine sainte qui pouvoient survenir en ce temps-là, comme il conste par la lettre en parchemin que j'ay eue à la Mine et qui est gardée dans les papiers du village. Signé : Beauprête. » — Puis plus bas : « Anno domini millesimo quadragentesimo nonagesimo quinto, die Veneris 21 novembris Nos Odo Episcopus Tiberiadensis, suffraganeus Bisuntinus, consecravimus ecclesiam de Plancher unacum altari majori ad honorem Sancti Pancratii patroni, in quoquidem altari includuntur reliquiæ de eodem sancto Pancratio et visitantibus illud quolibet anno auctoritate nostrâ quadraginta dies indulgenciarum concessimus. » — « Cecy est tiré d'un petit billet en parchemin qui est dans une bouette de plomb où sont les reliques de Saint Pancras ; laquelle bouette est encore dans le sépulcre du grand autel, ledict sépulcre ayant esté ouvert et l'autel prophané par les grandes guerres qui commencèrent en ces pays en l'an 1636 et n'ont fini qu'environ l'an 1654. Querite et invenietis. » — Sur la couverture on lit :

MVRI DOLANI A GALLIS FRANGVNTVR.
ESTO NOBIS TVRRIS FORTITVDINIS A VVLTV INIMICI.

(Allusion à la prise de Dôle et à la défense du château de Passavant qui dominait Plancher-Bas.)

QUENOCHE.

Paroissiaux remontant à 1604.

Aucune naissance de juillet 1634 à septembre 1657.

QUINCEY.

Paroissiaux remontant à 1624.

Sur celui de 1690 à 1707 se trouvent les notes suivantes : « L'an 1692, la terre trembla la nuict du douzième et treizième de may entre une heure et deux heures après minuict ; l'an 1702, le jour de St Silvestre, dernière journée de l'année, environ les onze heures du soir, il fit un orage extrêmement effroyable. »

RAY-SUR-SAONE.

Paroissiaux remontant à 1576.

RIGNY.

Paroissiaux remontant à 1613.
Interruption depuis le 14 juin 1636 à 1643.

RIOZ.

Paroissiaux remontant à 1612.
On remarque la non inscription des naissances de juillet 1634 à l'année 1649.

ROCHE-SUR-VANON.

Paroissiaux remontant à 1650.
On remarque que les naissances font défaut dans les années 1668 et 1674 correspondant aux deux conquêtes de la Franche-Comté. Ce village faisait cependant partie de la Champagne et relevait de la subdélégation de Langres.

SENONCOURT.

Paroissiaux remontant à 1656.
Le cahier de l'année 1675 porte la mention suivante : « Liber infantium baptisatorum per me Claudium Coulon d'Auchenoncourt, presbyterum curatum de Contréglise et de Senoncourt totaliter per unionem factam ab Illustrissimo et Reverendissimo Domino Anthonio Petro de Grammont Archiepiscopo Bisuntino, juxta concilii tridentini decreta, anno 1678, inceptus anno 1675, per horrendas bellorum tempestates. Vos vero venturi expectate aurea sæcula, nostra sunt ferrea et neroniana. Valete. Rogate pro defuncto vos qui brevi tempore me secuturi estis. »

SERVANCE.

Registres paroissiaux datant de 1596, accompagnés de notes généalogiques rédigées par les curés.

SORNAY.

Paroissiaux remontant à 1567.

Sur le second se trouve rapportée une enquête contre une sorcière, en 1635, dont il manque la fin.

VAROGNE.

Paroissiaux remontant à 1647.

Sur la couverture du premier se trouve cette note : « Le vingt huitième jour du mois d'apvril de l'année 1635, les Gravestés (Croates) entrèrent en ce lieu et emmenèrent quatorze chariots chargés tant de grène que vin ; ils ont eminenez seize chevals, puis après ils ont bruslez le villaige. »

VESOUL.

Registres commençant à 1556.

Interruption en avril 1594 jusqu'au mois de septembre 1595, ainsi signalée :

« Visum fuit presens registrum baptizatorum pro anno 1594 et pro anno 1595. Injunctum fuit domino Claudio Thoroisin vicario loci de Vesoul inscribere districte et decenter intra proximam visitationem, alioquin prout juris fuerit in ipsius animadvertetur quodvis in meis manus juramentum prostiterit folia fracta et perdita fuisse tam per hostes inimicos quam alios milites. Actum die 8 septembris 1595. Sic signatur Paris. »

INGENS LACUNA
A BELLO CAUSATA

Pas d'interruption en 1636.

Le second registre de Vesoul de 1581 à 1609 renferme la liste du gouverneur, des vieux gouverneurs, vieux échevins, nouveaux gouverneurs, nouveaux échevins, et la transcription de l'ordonnance de Philippe II, duc et comte de Bourgogne rendue sur les remontrances faites par les députés des trois États dudit comté, prescrivant, entre autres choses, aux échevins de prendre des extraits des registres de baptêmes tenus par les curés. Ce sont ces registres, qui ne sont que des copies, qui sont aux archives communales de Vesoul.

VILLEPAROIS.

Registre paroissial de 1766, sur lequel se trouvent les notes suivantes :

« L'année 1770 fut extraordinairement pluvieuse ; les eaux de la rivière vinrent plusieurs fois dans la fontaine S¹ Michel et dans la cour du château à plus de trois pieds de hauteur ; les foins furent perdus ; le bled valut 9 livres depuis juin et continue ce 10 janvier 1771 ; pendant ces pluies il sortit du chœur de la chapelle une source d'eau qui donna près de quinze jours ; l'avoine vaut 55 sols et la pure orge 7 livres ; les œufs dix sols, le beurre quatorze sols. Le pont près de la chapelle fut emmené deux fois en 1770. » — « L'an 1780, le 26 juillet, la cloche de la paroisse fut baptisée ; elle a eu pour parrain messire Léopold Duchamp, doyen du chapitre de Vesoul, et pour marraine dame Anne-Louise Langrognet, dame de Velleperrot. Elle a été baptisée par M. le curé de Vesoul ; ladite cloche pesant 285 livres et demie. La même cloche étant cassée a été échangée contre la petite cloche des Cordeliers de Chariez, le 17 octobre 1791. »

VILLERS-LES-LUXEUIL.

Paroissiaux remontant à 1525.

VOLON.

Paroissiaux remontant à 1687.

Sur le premier se trouvent inscrits ces mots : « Hic liber nomina, ætatem, originem infantium baptisatorum, diem sepulturæ, etiamque nexus conjugalis includit, diem gaudii, diem luctus, ut scias quod dicit scriptura : omnia tempus habent, tempus nascendi, tempus moriendi, tempus ridendi, tempus flendi; denique omnia tempore venerunt, omnia evanescunt, tempus manet, transit ætas et velut umbra fugit. Audi, vide, lege, tace, time. »

Sur la couverture du troisième volume on lit cette note : « L'article 33 de la déclaration du Roi du 9 avril 1736 ordonne la communication des registres de sépultures aux employés des domaines. »

VYANS.

Registres remontant à 1706.

Sur le premier se trouve une note relative à l'abjuration du calvinisme pour embrasser le luthéranisme, faite le 12 avril 1728 par deux personnes des bailliages d'Yverdun et de Lausanne en Suisse, entre les mains de Léopold-Gaspard Drot, ministre à Vyans et à Bethoncourt.

VY-LE-FERROUX.

Paroissiaux remontant à 1585.

Liste des échevins et vouhiers nommés annuellement.

VY-LES-RUPT.

Paroissiaux remontant à 1592.

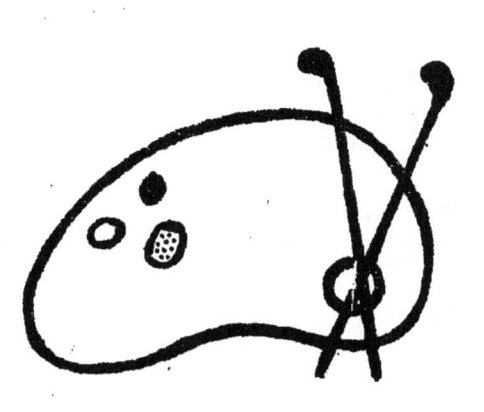

Original en couleur
NF Z 43-120-8

www.ingramcontent.com/pod-product-compliance
Lightning Source LLC
Chambersburg PA
CBHW060709050426
42451CB00010B/1348